Das Regentage-bastelbuch

Jane Bull

DK

Dorling Kindersley

DORLING KINDERSLEY
London, New York, München,
Melbourne, Delhi

Für Charlotte, Billy und James

GESTALTUNG • Jane Bull
REDAKTION • Penelope Arlon
FOTOS • Andy Crawford
DESIGNASSISTENZ • Sadie Thomas

CHEFLEKTORAT • Sue Leonard
CHEFBILDLEKTORAT • Clare Sheddon
HERSTELLUNG • Shivani Pandey
DTP-DESIGN • Almudena Díaz

Bibliografische Information Der Deutschen Bibliothek
Die Deutsche Bibliothek verzeichnet diese Publikation
in der Deutschen Nationalbibliografie;
detaillierte bibliografische Daten sind im Internet über
http://dnb.ddb.de abrufbar.

Titel der englischen Originalausgabe:
The Rainy day Book

ÜBERSETZUNG Wiebke Krabbe

ISBN 3-8310-0508-7

Colour reproduction by GRB Editrice S.r.l., Verona, Italy
Printed and bound in Italy by L.E.G.O.

Besuchen Sie uns im Internet
www.dk.com

Tolle Ideen für einen Regentag

Trübe Stimmung wird ...

... einfach verscheucht!

Regentag-Notpaket

Sorge vor: Sammle alle möglichen Kleinigkeiten wie die Dinge auf dieser Seite. Dann hast du bei schlechtem Wetter reichlich Material.

Wo ist Bob auf dieser Seite?
Auf Seite 44 lernst du ihn kennen.

Material und Werkzeug

Filzstifte • Weißes Papier • Schminke und Schwämme • Pinsel • Tapetenkleister • Klebstoff • Stoffreste • Strick- und Nähnadeln • Schere • Bindfaden • Wolle • Allerlei Papier • Knöpfe und Perlen • Kochutensilien

So überlebst du Regentage

Es regnet und du kannst nicht nach draußen gehen. Was fängst du an? Fernsehen? Oder lieber Spaß haben?

Vielleicht Kekse backen, einen Punkt spazieren führen, deine Hände verwandeln oder Fadenkunst probieren? Danach ist der Regen immer noch da? Dann fange ihn doch ein!

Kritzel-spaß

Kaum zu glauben, was Stifte alles können. Setze einfach einen Stift auf ein Blatt Papier und male Linien und Schnörkel. Lass den Stift ganz allein laufen.

Führe deinen Stift spazieren und male die Flächen dann aus.

Linien und Schnörkel

Sieht das nicht kompliziert aus? Dabei ist es so einfach. Zeichne Linien auf das Papier und dann eine Schnörkelform darüber. Dann die Felder abwechselnd anmalen.

Ein Punkt geht spazieren

Setze den Stift auf und lass die Hand einfach über das Papier wandern. Linien und Kurven sollen sich ruhig kreuzen. Dann male die Felder an – das wird ein tolles Muster!

Alles dreht sich

Zeichne immer größer werdende Kreise. Dann ziehe Linien von der Mitte nach außen und male das Spinnennetz bunt an.

Wilde Wellen

Zeichne senkrechte und waagerechte Wellenlinien und male die Felder an. So bekommt das Muster Beulen.

Hände hoch!

Schminke ist nicht nur für das Gesicht da. Auch Hände können tolle Typen werden.

Wasser zum Verdünnen der Schminke

Dicke und dünne Pinsel, abwaschbarer Filzstift

Größere Flächen mit dem Schwamm schminken.

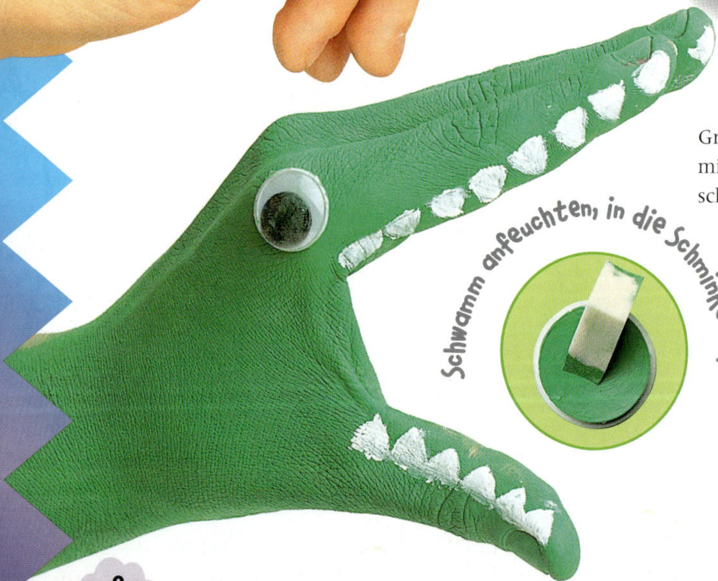

Schwamm anfeuchten, in die Schminke tupfen.

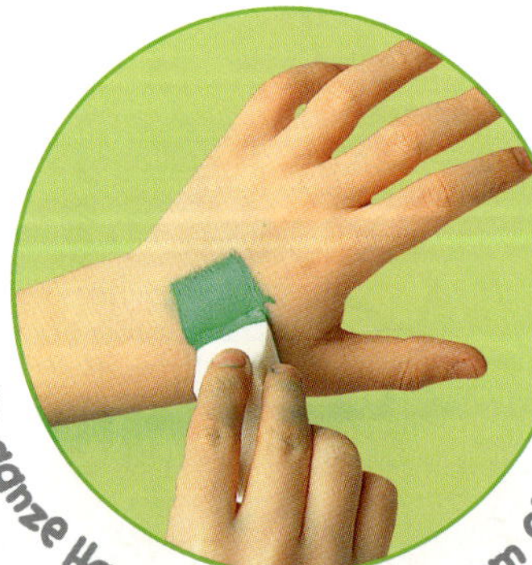

Die ganze Hand mit dem Schwamm einfärben.

Einzelheiten mit dem Pinsel malen.

Finger-Fußball

Schminktipps

- Nimm hochwertige Schminkfarben.
- Sieh deine Hände an und wähle eine Form, die zu deinen Fingern passt.
- Betupfe große Flächen mit einem Schwamm. Trocknen lassen, dann die Einzelheiten aufmalen.
- Male Konturen und Gesichter mit abwaschbarem Filzstift auf.
- Mit Wasser und Seife wird alles wieder sauber.

Elefantenfinger

Lora!

Prima sind Tiere mit einem Schnabel und einem langen Hals, so wie der Papagei. Versuche auch einmal einen Hahn oder einen rosa Flamingo.

Ich bin ein Alien!

Papier-kunst

Papier findet man

überall. Wirf es nicht weg, mach was draus!

Schüssel aus Papier

Vaseline

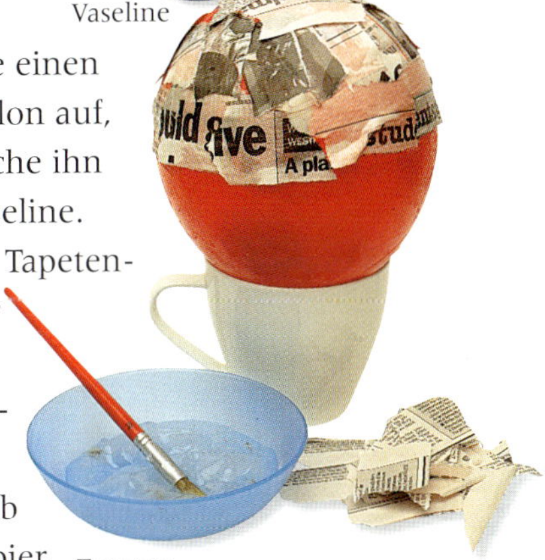

1. Puste einen Luftballon auf, bestreiche ihn mit Vaseline. Pinsele Tapetenkleister darauf und beklebe ihn halb mit Papier.

Tapetenkleister

2. Klebe sechs Papierschichten auf. Dann alles an einem warmen Platz trocknen lassen.

3. Nimm den Ballon heraus und schneide den Rand gerade.

4. Forme aus einem Pappstreifen den Fuß, klebe ihn an und bedecke ihn mit Kleister und Papier.

5. Ohren aus Pappe schneiden, ankleben und wieder mit Kleister und Papier bedecken. Innen und außen verzieren.

Kartonhäuser für deine Stofftiere – schön eingerichtet mit allem, was man braucht.

Nimm einen großen Karton.

Miss das Papier aus.

Nimm Geschenkpapier oder male selbst eine Tapete.

Fenster vorzeichnen und ausschneiden.

Du brauchst

Für das Haus:

- Pappkarton
- Schere, Lineal und Bleistift
- Bunte Tapete
- Stoff als Teppich
- Klebstoff

Lass dir helfen beim Schneiden der dicken Pappe.

Tapeziere die Wände.

Klebe die Tapete auf die Innenseite des Kartons.

Denk an den Teppich!

Schneide ein Fenster in die Rückwand.

Ein Waschlappen ist ein prima Teppich.

Ooh, ist das gemütlich!

Komm rein, hier ist es warm!

Nun fehlt nur noch ein bequemer Sessel!

Das Krimskrams-Möbelhaus

Sammle Schachteln, Kartons und andere Kleinigkeiten, die sonst weggeworfen werden. Da kommt schnell eine Menge zusammen. An Regentagen kannst du sie gut gebrauchen.

Schachteln

Mache einen Schrank aus einer Schachtel. Schneide eine Tür hinein und befestige eine Musterklammer als Griff.

Lampe

Ein Strohhalm steckt in einer Garnrolle, der Schirm ist ein Papier-Backförmchen.

Sessel

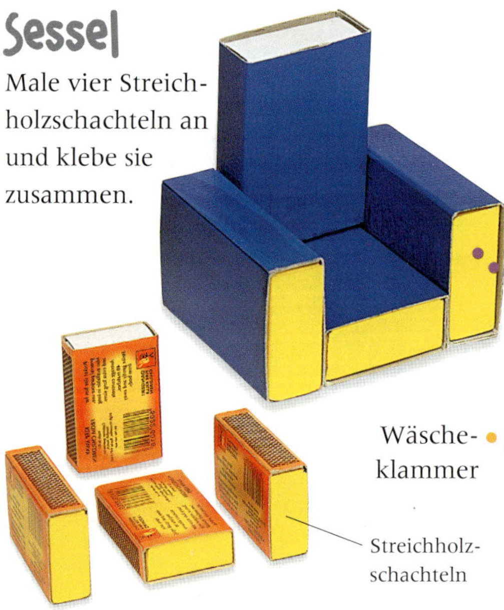

Male vier Streichholzschachteln an und klebe sie zusammen.

Tisch

Klebe einen großen Deckel mit etwas Knetmasse auf einen Flaschenkorken.

Du kannst fast alles verwenden. Überlege dir, welche Möbel noch gut in dein Kartonzimmer passen könnten.

Du brauchst

- Krimskrams aus dem Haushalt
- Klebeband
- Büroklammern
- Pinsel und Farbe
- Knetmasse
- Musterklammern
- Klebstoff

Strohhalme

Pappröhren

Perlen und Knöpfe

Plastiklöffel

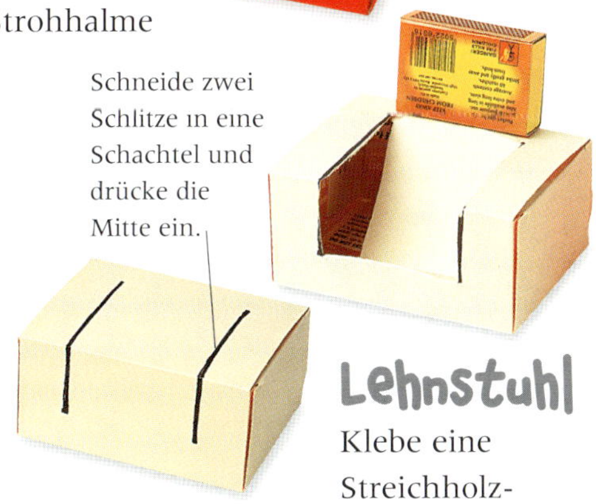

Schneide zwei Schlitze in eine Schachtel und drücke die Mitte ein.

Lehnstuhl

Klebe eine Streichholzschachtel als Rückenlehne auf.

Perlen

Pflanze

Drücke etwas Knetmasse in einen Plastikdeckel und stecke Perlen darauf.

Die Schubladen mit Buntpapier bekleben.

Musterklammern

Schublade

Drei Streichholzschachteln und Musterklammern

Allerlei Deckel

Deckel von leeren Farbtuben sind prima Becher und Blumentöpfe. Aus größeren Deckeln kannst du Tische bauen.

Tierisch!

Baue Käfige für deine Stofftiere

oder eröffne deine eigene Tierklinik.

Du brauchst

- Pappkarton
- Klebstoff, Klebeband
- Schere
- Musterklammern
- Schwarzen Filzstift

Male mit schwarzem Filzstift Schnörkel auf, damit die Pappe wie Holz aussieht.

Schön weich

Besonders wohl fühlen sich die Tiere auf einem weichen Lager aus Papierstreifen. Denke auch an Näpfe für Futter und Wasser und lass sie oft zum Spielen heraus. Wie schön, dass man die Käfige nie sauber machen muss!

Käfigtür

Für die Käfigtür brauchst du Pappstreifen. Miss den Karton aus und schneide zwei lange und zwei kürzere Streifen zu.

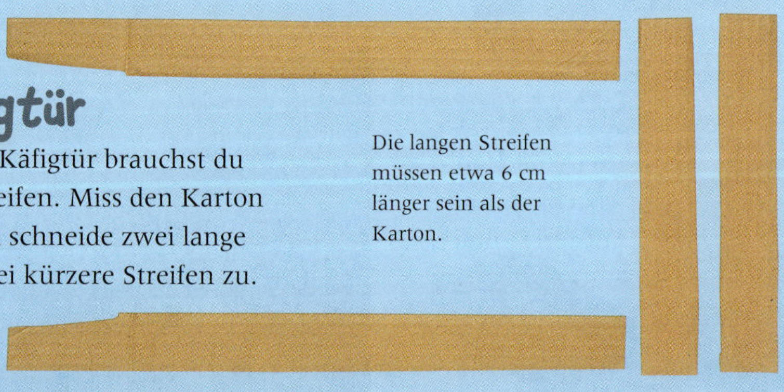

Die langen Streifen müssen etwa 6 cm länger sein als der Karton.

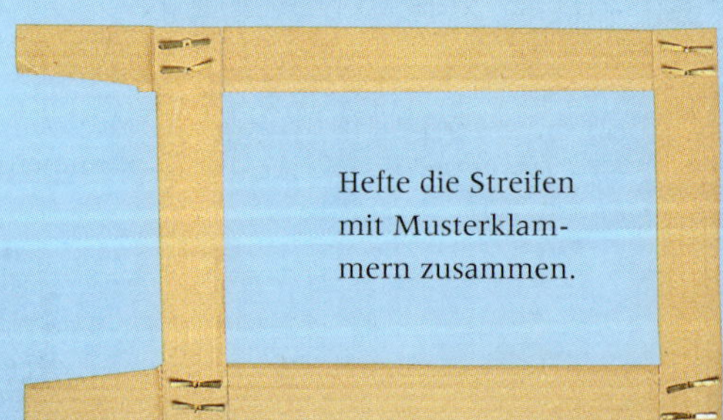

Hefte die Streifen mit Musterklammern zusammen.

Die Tür soll genau vor den Karton passen.

Zeit zum Füttern!

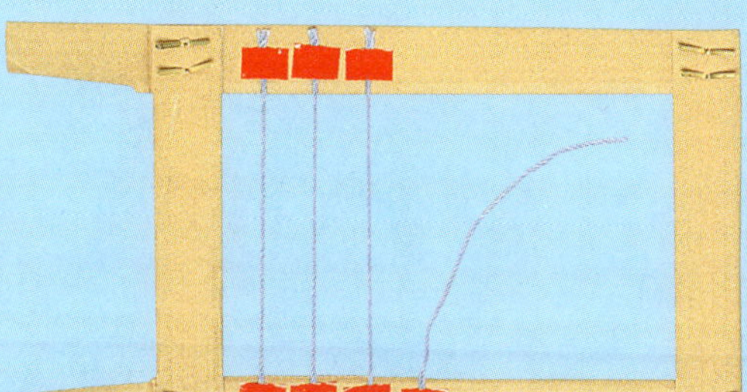

Als Gitterstäbe klebst du Wollfäden oben und unten an die Rückseite der Tür.

Klebe die Enden der Streifen an den Karton oder befestige sie mit Musterklammern.

Ein Riegel aus Pappe und einer Musterklammer

Salzteig

macht gleich vier Mal Spaß

1. Anrühren
2. Modellieren
3. Backen
4. Anmalen

Rühre den Teig an und forme daraus, was du magst. Das sind viele Stunden Spaß!

Für den Teig brauchst du

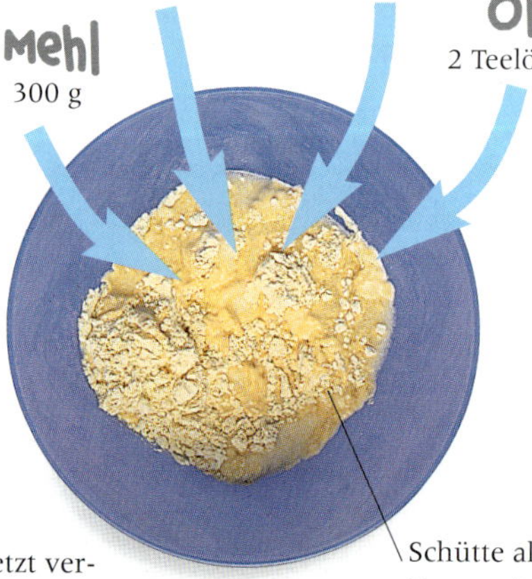

Schütte alle Zutaten in eine Schüssel.

Jetzt vermische alles gründlich.

Forme eine Kugel.

... und los geht's!

Mache einen guten Eindruck!

Teig-spielereien

Ausrollen, kneten, quetschen, eindrücken

Sieh dich im Haus nach Dingen um, die du in den Teig drücken kannst. So entstehen tolle Muster und Formen. Nichts geworden? Dann knete sie durch und fang von vorn an.

Wenn der Teig klebrig wird, einfach etwas Mehl aufstreuen.

Bärenstark

Zuerst die Teile formen.

Eine Büroklammer in den Rücken drücken.

Alles zusammensetzen.

Den Bären backen und anmalen ...

... und an ein Band hängen!

Salzteig backen

Lege deine Formen auf ein Backblech.

Große Stücke müssen lange backen, sehr dünne zerbrechen leicht. Am besten sind kleine, dicke Formen.

Erst abkühlen lassen, dann bunt anmalen.

Lass dir helfen am heißen Backofen.

20 Minuten backen (180° C / Gas Stufe 4).

Bemalen und verzieren

Nach dem Backen und Abkühlen werden die Teile mit Plaka- oder Acrylfarben bemalt. Mische etwas Bastelleim unter die Farbe (etwa 1 Teil Leim und 2 Teile Farbe). So hält sie gut und glänzt schön.

Teig aufbewahren

Ungebackenen Teig kannst du etwa zwei Wochen aufbewahren. Verpacke ihn dazu fest in Klarsichtfolie.

Der nächste Regen kommt bestimmt!

Süßer Teig

Leckere Kekse –

einfach zum Vernaschen

Aus dem Teig Kugeln rollen und flach drücken.

Keksrezept

für 12–15 einfache Kekse
300 g Mehl
200 g Butter
100 g Zucker

Fülle Mehl, Zucker und Butter in eine Schüssel.
Knete alles mit den Händen, bis du eine Kugel daraus formen kannst.
Forme Kekse und verziere sie mit der Gabel.
Lege sie auf ein Backblech.
Backe sie 15 Minuten (160° C / Gas Stufe 3).
Warte mit dem Naschen, bis die Kekse abgekühlt sind.
Lang zu!

Schokoladenkekse:
250 g Mehl
50 g Kakaopulver
100 g Butter
50 g Zucker

Kokoskekse:
Knete 50 g Kokosraspeln unter den Teig.

Etwas Platz zwischen den Keksen frei lassen, sie gehen ein bisschen auf.

Lass dir helfen am heißen Backofen.

Bunte Muster

Nimm Zuckerstreusel oder bunte Süßigkeiten als Verzierung. Oder forme Tupfen und Streifen aus Schokoladenteig.

Auf die Plätze – Spielzeug aufstellen, Bahn bauen ...

Hoch hinaus

Die Möbel dürfen auch mitspielen.

... fertig zum Domino-Rennen? DANN LOS!

Ein rasantes Rennen

Stelle die Dominosteine und Figuren so auf, dass jeder beim Fallen den nächsten umstößt. Perfekt ist der Parcours, wenn das Auto ohne Boxenstopp bis zum Ziel durchkommt.

Du brauchst

- Dominosteine
- Kartons und Schachteln
- Pappröhren
- Bauklötze
- Alles, was die Bahn spannend macht!

Was passiert?
Sieh auf Seite 43 nach.

Wir weben was

Sonnenrad in Regenbogenfarben

Mit Papptellern und Wollresten kannst du dir an grauen Tagen deinen Regenbogen selbst machen.

Für das Sonnenrad brauchst du

- Pappteller oder runde Pappscheibe
- Wollreste
- Stopfnadel

Zeichne eine Zickzacklinie auf den Tellerrand und schneide alle Dreiecke aus.

(Auf Seite 46 steht, wie du noch anfangen kannst.)

Lege die Wolle um zwei gegenüberliegende Spitzen. In der Mitte muss der Faden sich kreuzen. Verknote ihn dort.

Lege den Faden von Rand zu Rand, immer um die nächste Spitze. In der Mitte müssen sich die Fäden jedes Mal kreuzen.

Als nächster kommt dieser Zacken dran.

Lege den Faden immer weiter kreuzweise um die Zacken.

Drehe den Teller um – von hinten soll er so aussehen. Verknote das Ende des Fadens.

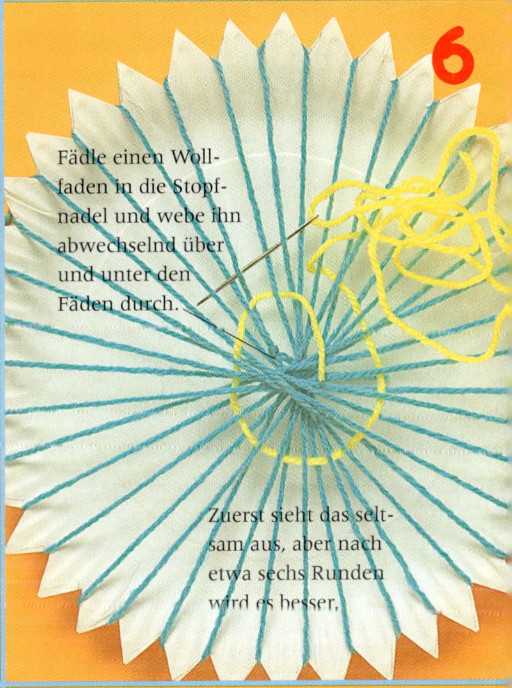

Fädle einen Wollfaden in die Stopfnadel und webe ihn abwechselnd über und unter den Fäden durch.

Zuerst sieht das seltsam aus, aber nach etwa sechs Runden wird es besser.

Schiebe beim Weben deinen Faden immer zur Mitte.

Wenn der Faden zu Ende geht, knote einfach einen neuen an und webe weiter.

Nimm all deine Wollreste.

Webe mit bunten Farben weiter, bis der Teller voll ist.

Weiterweben

Auf Webstühlen webt man Stoffe. Baue dir selbst einen Webrahmen und probiere es einmal aus. Webe alles ein, was du findest.

Der Webstuhl

Nimm einen Schuhkarton und schneide auf beiden Seiten gleich viele Schlitze ein. Dann spanne einen Faden immer hin und her.

1

Lass dir helfen beim Einschneiden der Pappe mit einem scharfen Messer.

2

Wickle den Faden um die erste „Zinne“, um ihn festzuknoten.

3

Lege den Faden hin und her.

4

Jetzt webe einen Faden abwechselnd über und unter den gespannten Fäden hindurch.

5

Probiere aus, womit du noch weben kannst.

6

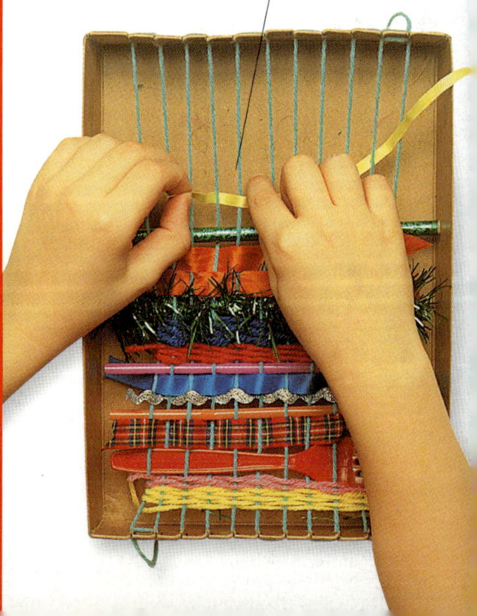

Webe und webe hin und her, bis du oben ankommst.

Gewebtes Kunstwerk – das braucht einen Platz an der Wand!

Coole Typen

Für diese witzigen Kerlchen
brauchst du nur Stoffreste
und Trockenerbsen.

„Wir sind auch eine feine Füllung!“, sagen die Linsen.

Spiel mit uns,
wir sind gut drauf!

Die Beutel nähen

Hier, fang!

Für einen Beutel

Miss anhand des Schnittmusters die Größe des Beutels aus. Schneide ein Stück Stoff zu und lege es doppelt.

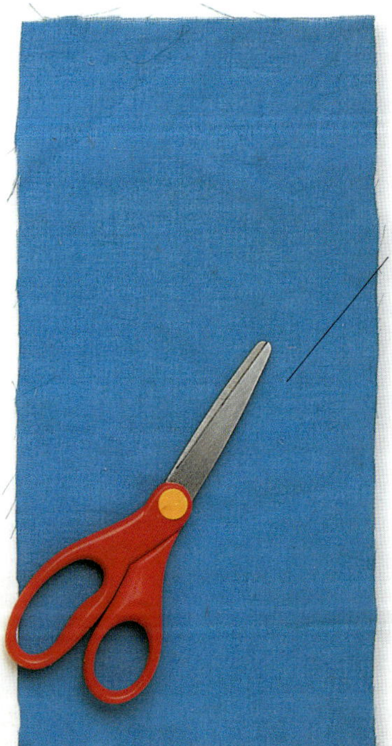

In der Mitte falten.

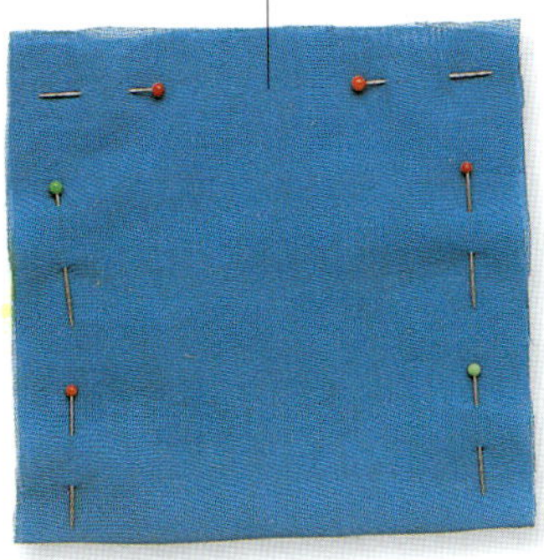

Zusammenstecken.

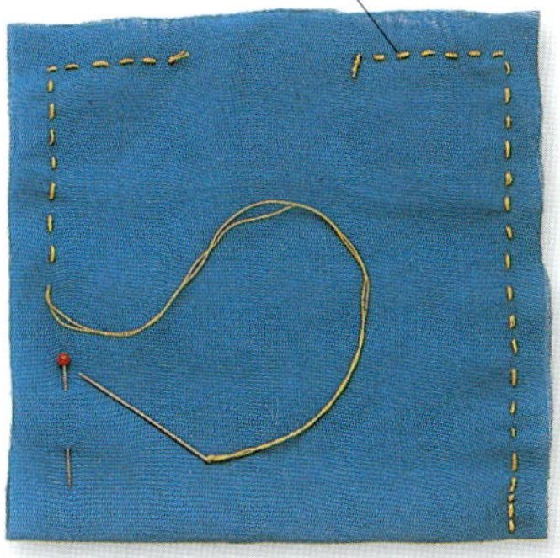

Die Seiten zunähen.

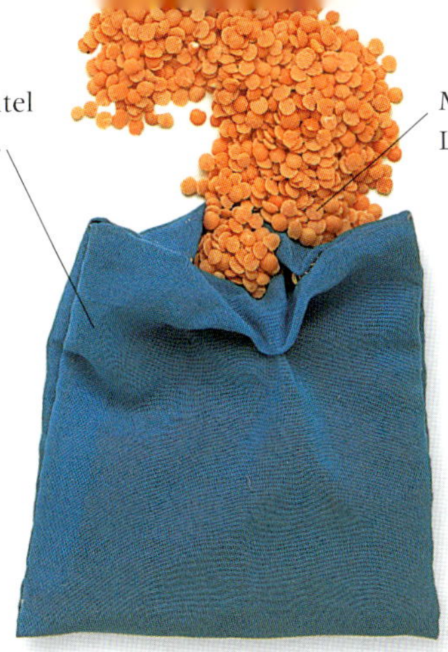

Wenden und füllen.

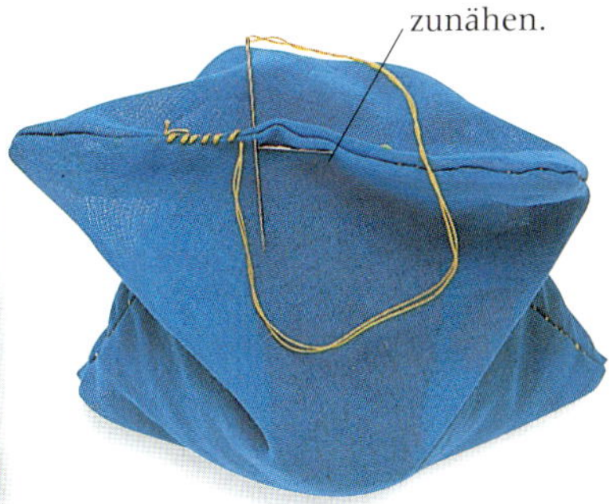

Ganz zunähen.

Rückstich

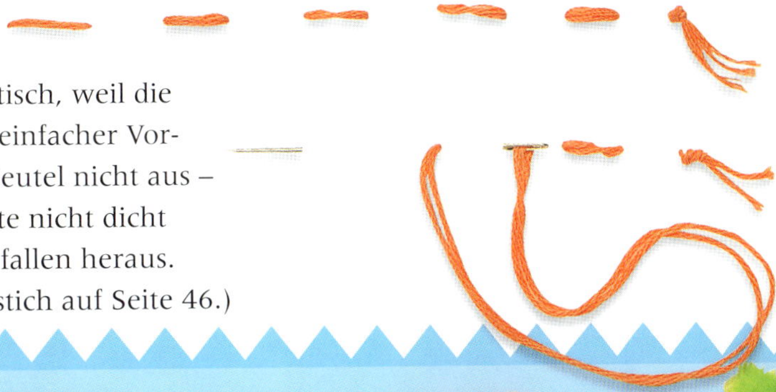

Der Rückstich ist praktisch, weil die Nähte gut halten. Ein einfacher Vorstich reicht für diese Beutel nicht aus – er verschließt die Nähte nicht dicht genug und die Linsen fallen heraus. (Mehr über den Rückstich auf Seite 46.)

Beutelspiele

Zielwerfen

Markiere einen Zielbereich um einen Eimer und fordere deine Familie zum Zielwerfen auf. Denke dir die Regeln selbst aus.

Jonglieren

Fange mit zwei Beuteln an, dann versuche es allmählich mit mehreren.

Zuwerfen

Wirf einem Freund einen Beutel zu. Fängt er nicht, muss er auf ein Knie gehen. Beim zweiten Patzer runter auf beide Knie – und so weiter, bis einer von euch liegt.

Geschnürt und gewickelt

Tolle Fadenideen: durchsichtige Bindfadenkugeln und flauschige Pompons. Mit Schnur und Wolle kann man eine ganze Menge anfangen.

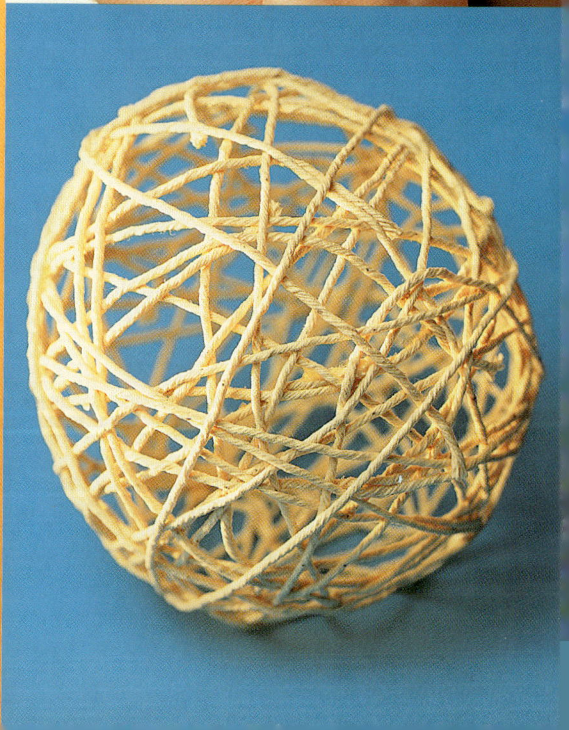

Jonglieren mit Pompons!

Das klappt ja wie am Schnürchen!

Du brauchst: Luftballon • Bindfaden oder Wolle • Tapetenkleister • Vaseline

Puste einen Luftballon auf und bestreiche ihn mit Vaseline, damit der Bindfaden nicht daran festklebt.
Rühre eine Schüssel Tapetenkleister an.
Schneide Bindfadenstücke von 60 cm Länge zu.

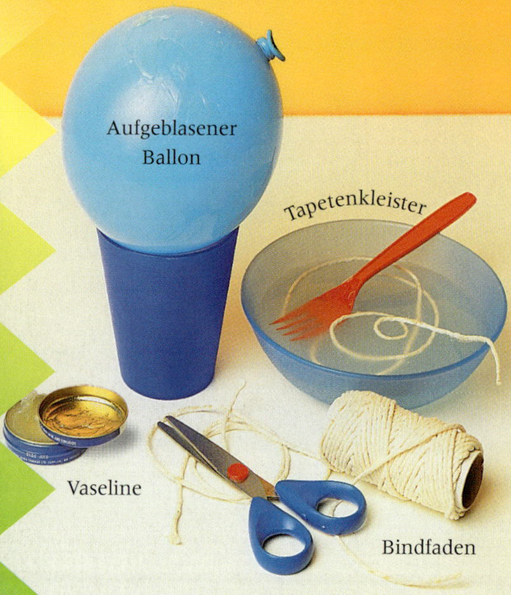

Tauche die Fäden in den Kleister und wickele sie um den Ballon.

Achtung, das ist schmierig!

Klebe immer weitere Fäden auf den Ballon, so lange du magst.

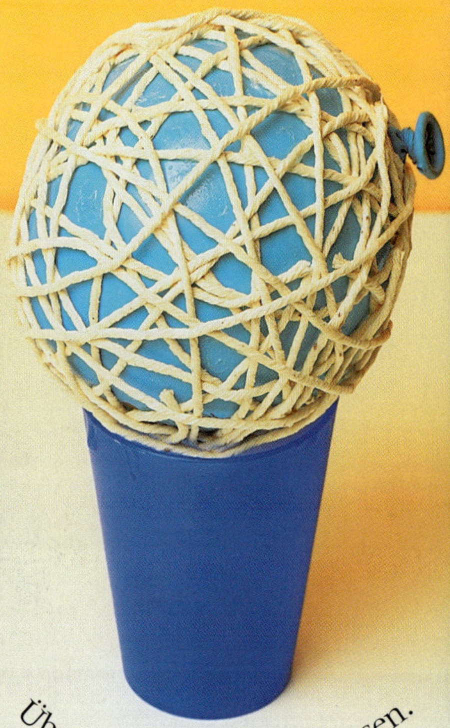

Über Nacht trocknen lassen.

Einen Pompon basteln

Du brauchst: Dünne Pappe • Wolle

Tipp: Je größer die Scheiben, desto größer wird der Pompon.

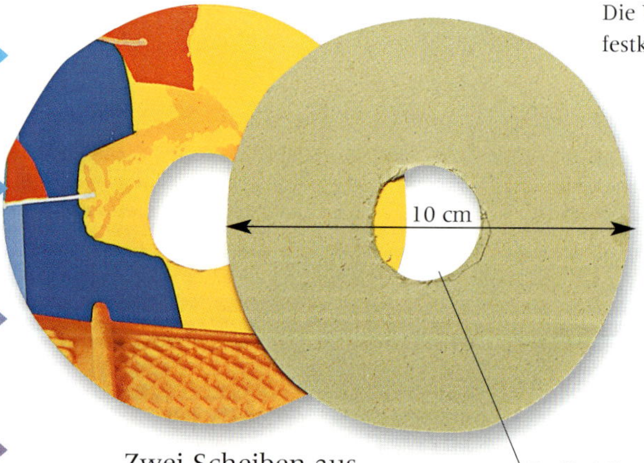

Zwei Scheiben aus dünner Pappe zuschneiden.

In die Mitte ein Loch (3 cm Durchmesser) schneiden.

Die Wolle festknoten.

Die Scheiben aufeinander legen.

Immer mehr Wolle umwickeln, bis die Pappe ganz bedeckt ist.

Mit Wolle umwickeln – durch die Mitte und über den Rand.

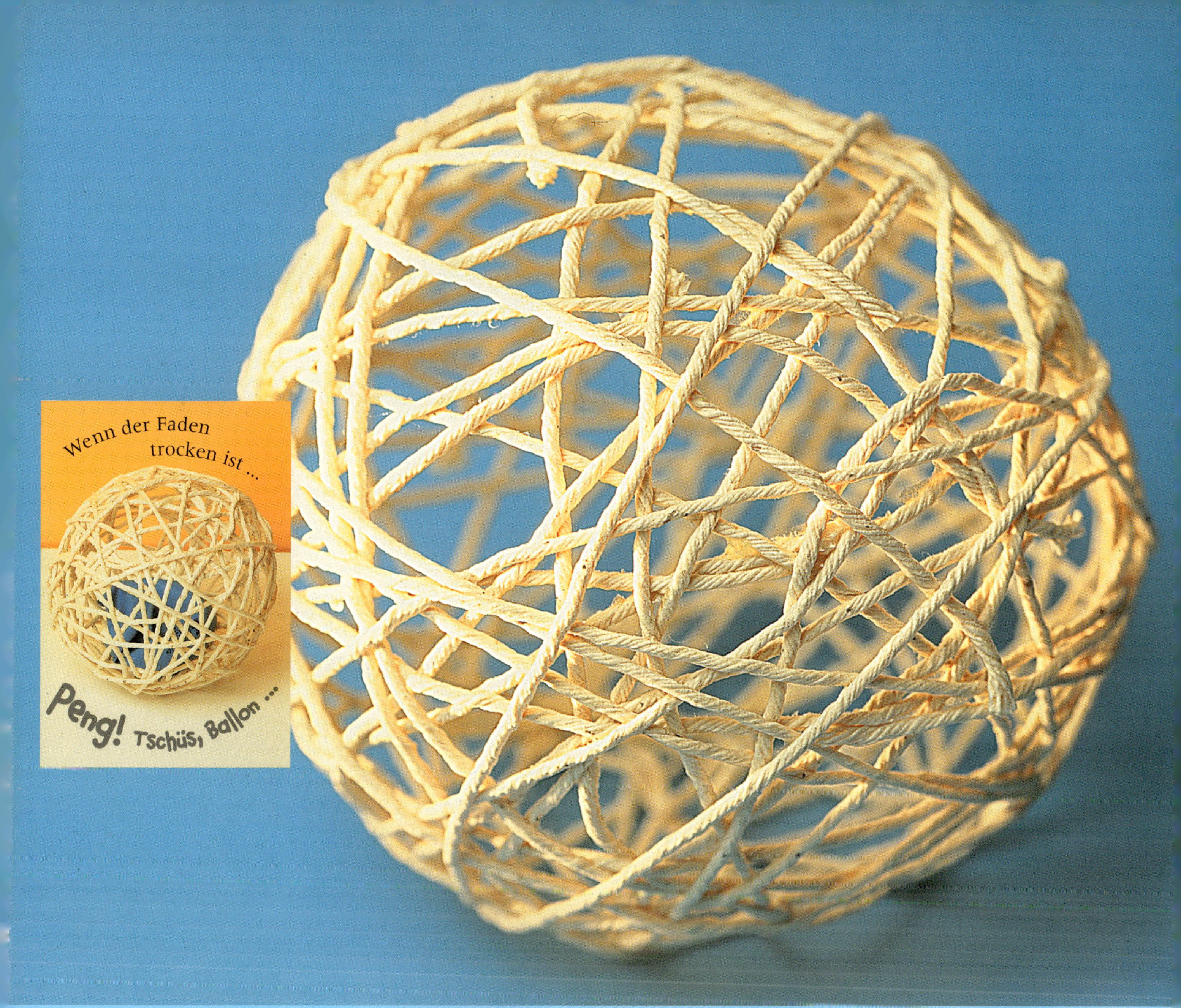

Die Schere zwischen die Pappscheiben schieben.

Die Wolle rundum aufschneiden.

In der Mitte gut festhalten.

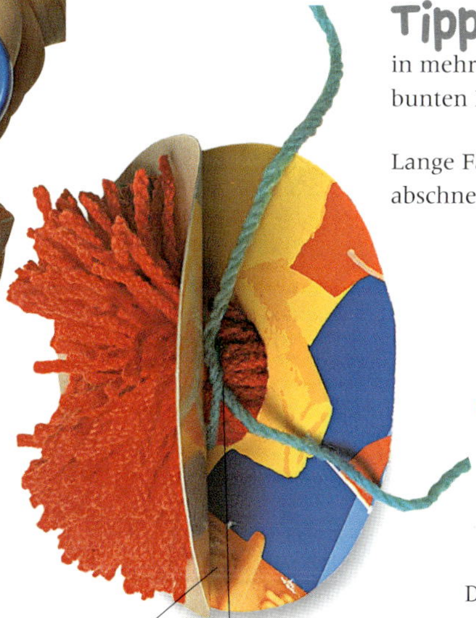

Die Scheiben etwas auseinander klappen.

Einen Wollfaden um die Mitte knoten.

Tipp: Nimm Wollreste in mehreren Farben für einen bunten Pompon.

Lange Fäden abschneiden.

Die Pappscheiben abziehen, den Pompon aufplustern.

Hokuspokus – Pompon!

Wie wär's mit einem Freundschaftsband für deine beste Freundin?

Gut gestrickt

Stricken ist kein Hexenwerk. Fangen wir mit den Fingern an, danach kommen die Nadeln an die Reihe. Außer Wolle brauchst du etwas Geduld. GIB NICHT AUF!

Fingerhäkeln

So was nennt man auch Luftmaschen. Wickle die Wolle zweimal um deinen Daumen, dann ziehe die erste Schlaufe über die zweite. So geht es immer weiter, bis das Band lang genug ist.

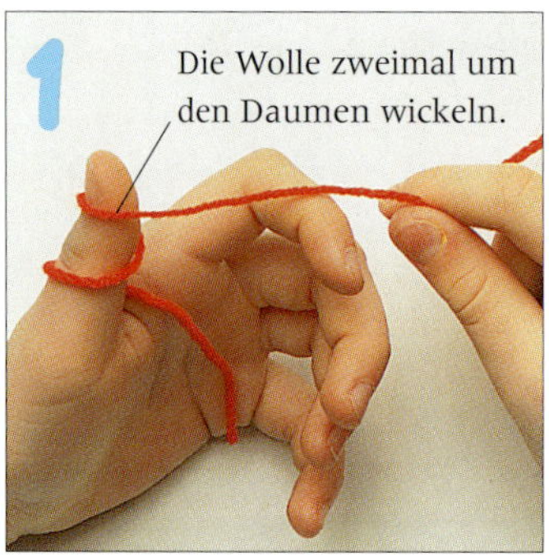

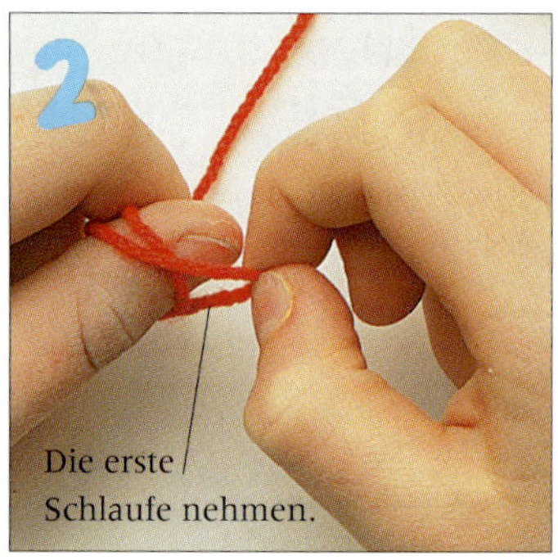

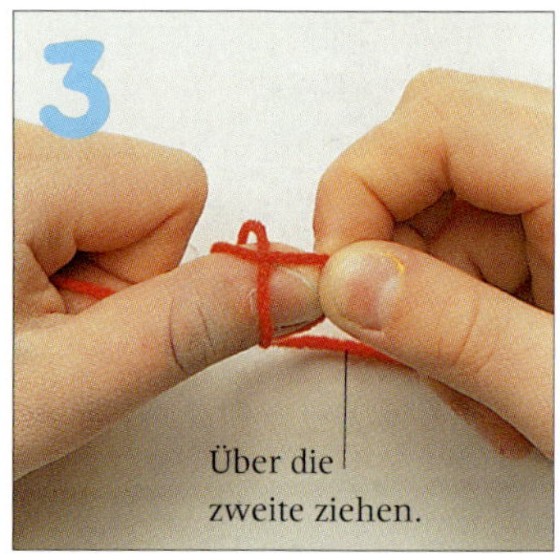

Wenn du die Schritte wiederholst, wird das Armband immer länger.

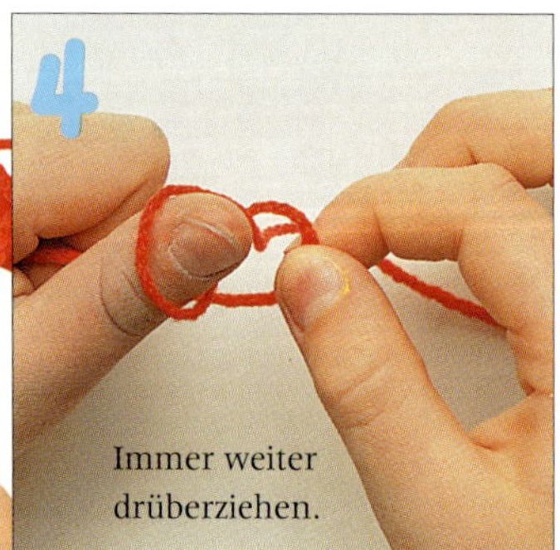

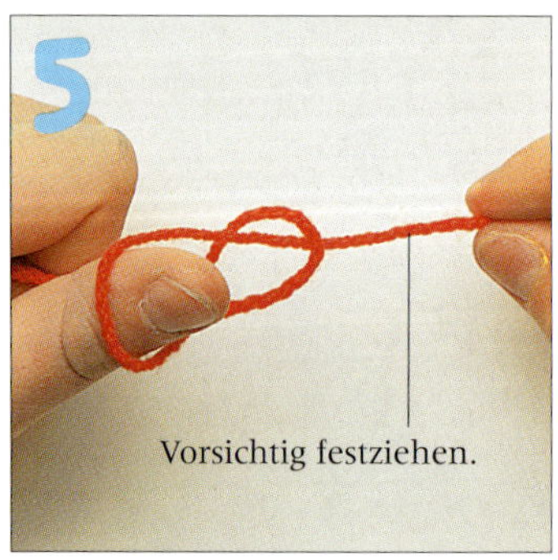

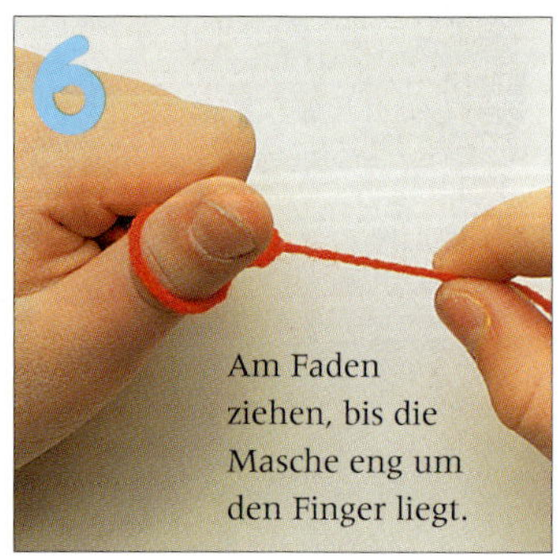

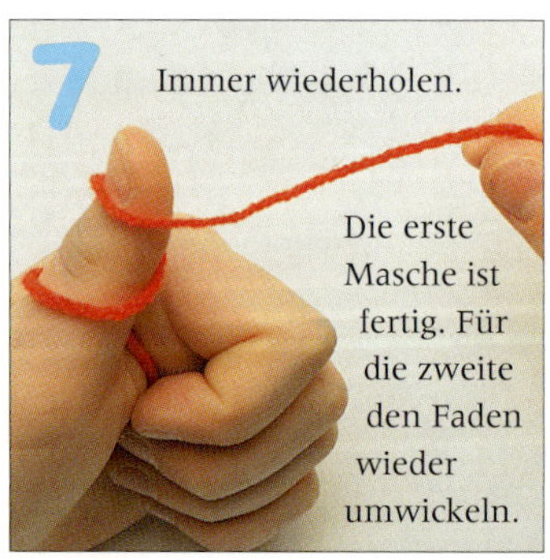

Lege zwei Fäden in verschiedenen Farben nebeneinander für ein buntes Armband.

Eine ganze Decke

Wenn du das Fingerhäkeln geübt hast, kannst du auch Maschen auf eine Nadel aufnehmen und stricken. Mit rechten Maschen strickst du ein Rechteck für eine Fingerpuppe. Wer ehrgeizig ist, strickt eine Decke aus vielen Rechtecken.

So strickt man

Hier kommt die Anleitung für rechte Maschen mit langen Stricknadeln. Wenn du den Dreh erst einmal raushast, willst du bestimmt gar nicht mehr aufhören.

Du brauchst

- Stricknadeln (4 mm)
- Wollknäuel

Aufnehmen – So kommen die Maschen auf die Nadel.

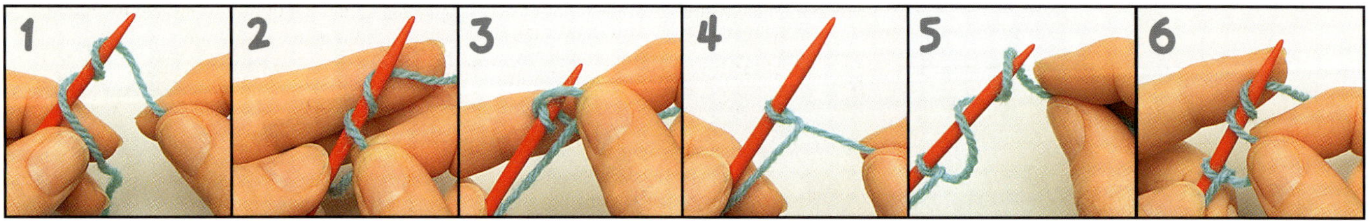

1. Den Faden zweimal um die Nadel wickeln.
2. Die erste Schlaufe über die zweite legen.
3. Weiter ziehen – bis über die Nadelspitze.
4. Fest ziehen.
5. **Wiederholen**: Wieder zwei Schlaufen legen.
6. Die erste wieder über die zweite ziehen.

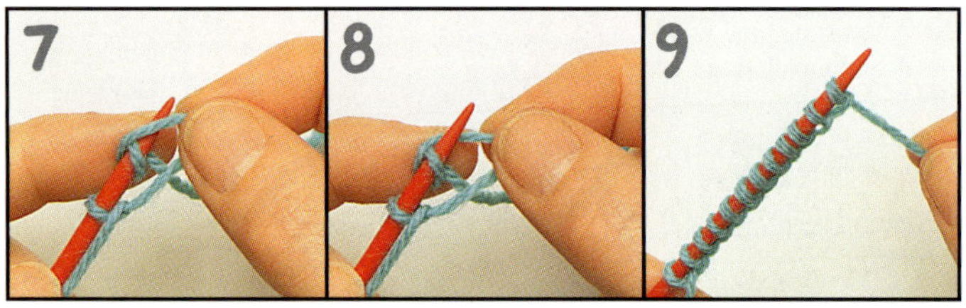

7. Zwischendurch immer gut festziehen.
8. Und wieder über die Nadelspitze ziehen.
9. Weiter so, bis zwölf Maschen auf der Nadel sind.

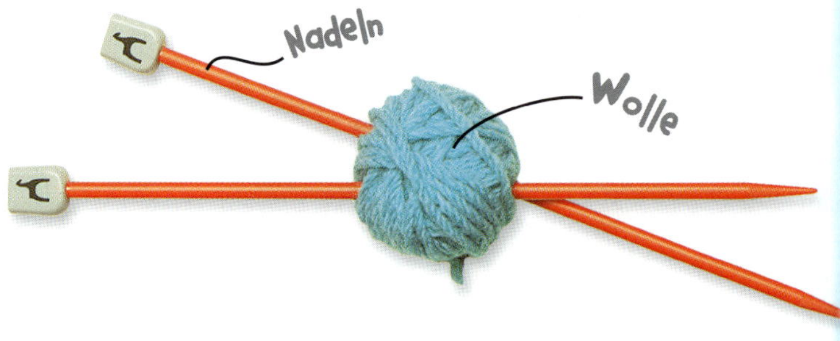

Rechte Maschen

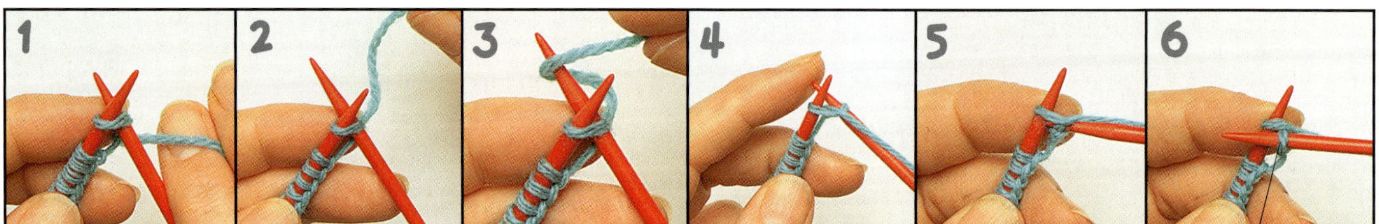

1. Die Nadel von vorn durch die erste Masche schieben.
2. Den Faden vom Knäuel hinter die Nadeln legen.
3. Den Faden von hinten zwischen die Nadeln ziehen.
4. Den Faden festziehen.
5. Die Schlaufe, die um die rechte Nadel liegt, durch die erste Masche ziehen.
6. Fertig ist die Masche.

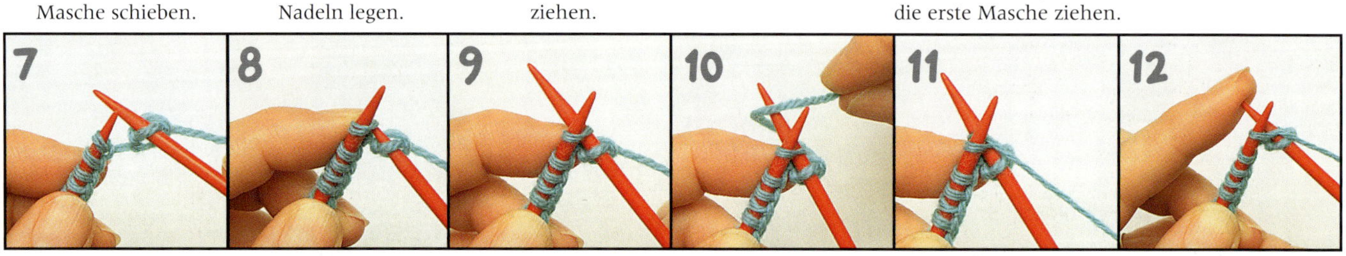

7. Die Masche auf die leere Nadel schieben.
8. Für die nächste Masche Schritt 1 bis 7 wiederholen.
9. Die Nadel von vorn durch die nächste Masche stechen.
10. Den Faden hinter die Nadeln ziehen.
11. Und zwischen die Nadeln schieben.
12. Die rechte Nadel etwas herabdrücken.

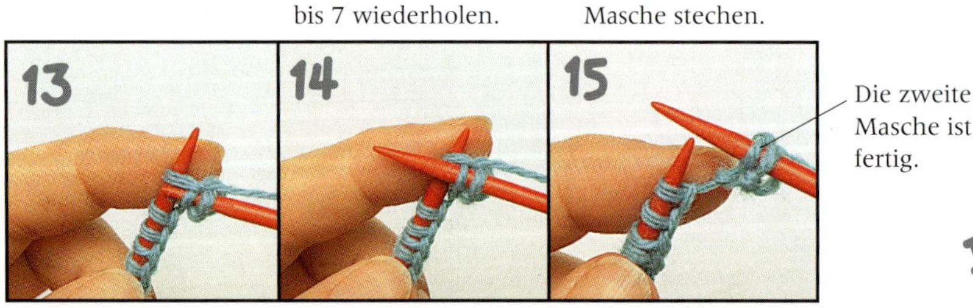

13. Die Schlaufe mit der rechten Nadel durch die Masche holen.
14. Fertig ist die zweite Masche.
15. So geht es bis zum Ende der Reihe weiter.

Stricke weiter, bis dein Rechteck fertig ist.

Abketteln – Wenn dein gestricktes Stück groß genug ist.

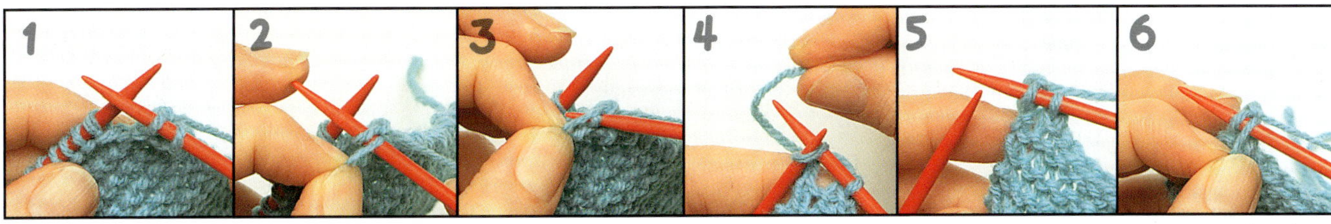

1. Zwei Maschen stricken.
2. Die erste über die zweite ziehen ...
3. ... und loslassen – nun ist nur noch eine Masche auf der Nadel.
4. Eine Masche stricken.
5. Jetzt sind zwei Maschen auf der Nadel.
6. Die erste über die zweite ziehen.

7. Immer weiter, bis nur noch eine Masche übrig ist.
8. Die letzte Masche etwas größer ziehen.
9. Den Faden abschneiden.
10. Das Fadenende durch die letzte Masche fädeln und festziehen.
11. Das Fadenende abschneiden.

Na bitte, klappt doch prima!

Fingerpuppen

Lege dein Strickstück doppelt und nähe die lange und eine kurze Seite zusammen. Schon hast du eine tolle Fingerpuppe

Nimm bunte Wollreste für Gesicht und Haare.

Tunnel und Rampen baust du aus Pappröhren – ganzen oder quer halbierten.

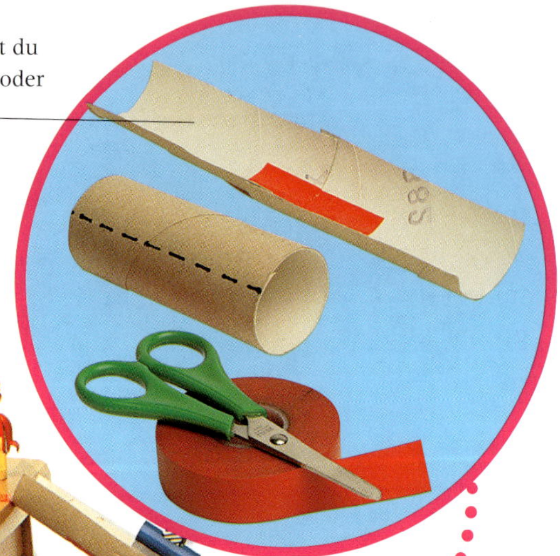

Der Domino-Effekt

Guck mal, was passiert, wenn du dem kleinen Auto auf der Bahn einen Schubs gibst. Pass gut auf!

Domino-Tipp

Sei beim Aufstellen der Steine ganz vorsichtig. Ein kleiner Fehler und du musst vielleicht ganz von vorn anfangen.

So ein Chaos!

Und es hört nicht auf!

Los geht's!

Das Auto rammt die Dominosteine, die Steine treffen das Auto. Es saust durch den Tunnel und mitten in die Menschengruppe an seinem Ende.

Durch die Röhre!

Roarr ... Gulp!

Kettenreaktion

Alle Steine kippen um, jeder reißt den nächsten mit. Was für ein Lärm, was für ein Chaos!

Knall, peng – vorbei!

Das große Finale

Die Dominosteine stoßen den Lastwagen an, der rollt die Rampe hinab und wirft die Röhre um, auf der das Sieb mit den Bonbons balanciert. Ein Festschmaus für den Dinosaurier. Mampf!

Sammelgläser – randvoll mit Spaß

Schraubgläser sind prima zum Sammeln von Kleinigkeiten zum Basteln. Du kannst auch kleine Spielsachen für Regentage darin aufbewahren, zum Beispiel Würfel und Karten.

Karten, Würfel, Spielfiguren

Knöpfe, Perlen, Bänder

Wo ist Bob?

Er hat sich gut versteckt. Wenn du dieses Buch genau durchstöberst, kannst du ihn auf einigen Seiten finden. Hast du ihn entdeckt? Die Lösungen stehen auf Seite 48.

Fang mich doch!

Gedächtnisspiel

Sieh dir diese Dinge 30 Sekunden lang an. Dann klappe das Buch zu. Wie viele kannst du aufzählen? Für jedes gibt es einen Punkt.

Kannst du dich erinnern?

Bereite ein Tablett mit lauter kleinen Dingen vor und spiele mit Freunden oder Familie. 30 Sekunden hingucken – STOP! Das Tablett mit einem Handtuch abdecken. Wer die meisten Dinge aufschreiben kann, hat gewonnen.

Bunte Kartoffel-kiste

Gesichter aufstecken.

Ein Kartoffeldackel

Kartoffelköpfe

Nimm Knöpfe und Zahnstocher, Haarnadeln, Gesichter aus Zeitschriften und was dir sonst noch einfällt, um die Kartoffeln zu verkleiden.

Ofenkartoffel

Wasche eine Kartoffel gründlich. Backe sie eine halbe Stunde bei 190°C (Gas Stufe 5), bis sie innen weich ist. Nimm sie heraus und fülle sie mit Käse.

Und ganz oben Schnittlauch!

Nicht zu viel Farbe nehmen.

Einfache Formen schneiden.

Kartoffeldruck

Schneide eine Kartoffel durch und zeichne mit Filzstift eine Form auf die Schnittfläche. Vorsichtig ausschneiden – die Form muss aber stehen bleiben. Streiche sie mit Farbe ein und stemple damit Muster auf Papier.

Tipps und Tricks

Allerlei Kleber

Klebe-stift · Tapeten-kleister · Alleskleber

Tapetenkleister

Man kann ihn in Päckchen im Baumarkt kaufen. Gib einen Esslöffel Flocken in eine Schüssel und verrühre sie mit etwas Wasser. Der Kleister soll zäh sein, damit man ihn mit dem Pinsel auftragen kann.

Klebestift

Sehr sauber und prima für Papier, weil es sich beim Kleben nicht wellt.

Alleskleber

Dieser haltbare Kleber riecht etwas unangenehm. Du kannst damit gut Pappstücke zusammenkleben.

Bastelleim

Bastelleim ist praktisch, weil er Stoff und Pappe klebt. Mit etwas Wasser verrührt ergibt er einen klaren Lack. Und mischt man ihn mit Farbe, bekommt die bemalte Fläche einen schönen Glanz.

Einen Faden einfädeln

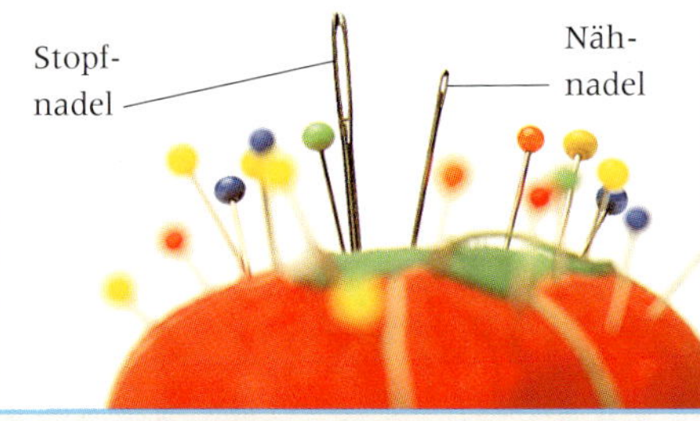

Stopf-nadel · Näh-nadel

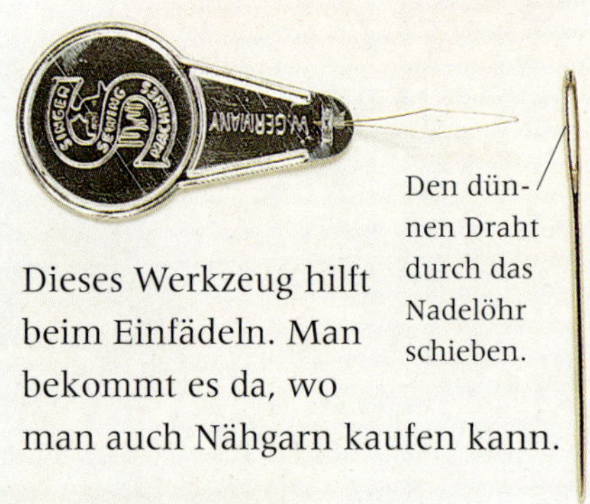

Den dünnen Draht durch das Nadelöhr schieben.

Dieses Werkzeug hilft beim Einfädeln. Man bekommt es da, wo man auch Nähgarn kaufen kann.

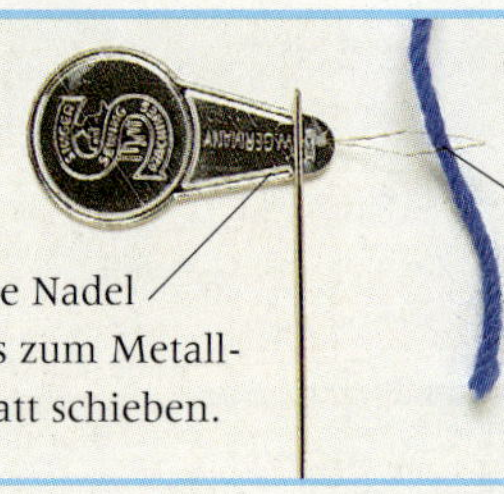

Die Nadel bis zum Metallblatt schieben.

Den Faden durch den Draht stecken.

Jetzt den Einfädler wieder aus der Nadel ziehen – und drin ist der Faden.

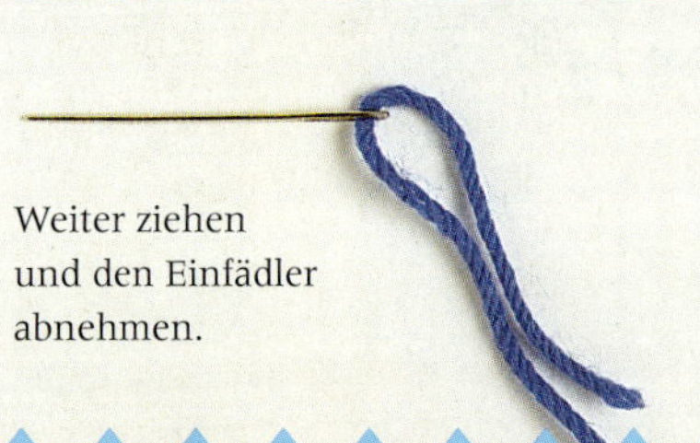

Weiter ziehen und den Einfädler abnehmen.

Rückstich nähen

Einen Knoten ins Fadenende machen und die Nadel nach unten und wieder nach oben stechen.

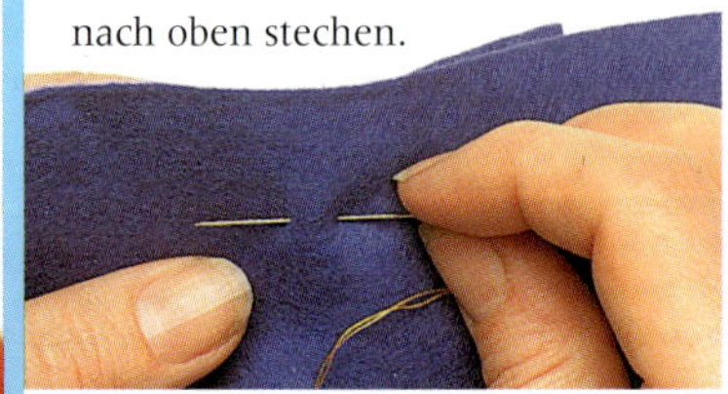

Die Nadel durchstechen und den Faden bis zum Knoten durchziehen.

Die Nadel zwischen Knoten und losem Faden wieder einstechen.

Ein Stück vor dem losen Faden kommt sie wieder heraus.

Diese Schritte wiederholen. Am Ende der Naht einige Stiche in die andere Richtung nähen.

Weben (Seite 27)

Anfang und Ende – ganz leicht

Findest du den Anfang beim Weben schwierig? Dann klebe das Fadenende einfach mit Klebeband fest.

Den Faden auf der Rückseite des Tellers festkleben.

Den Teller umdrehen und die Wolle im Kreis spannen.

Das Fadenende auch wieder auf der Rückseite festkleben.

Bau dir einen Regenmesser

Nimm eine Plastikflasche, am besten eine mit flachem Boden.

Lass dir helfen beim Schneiden der Flasche.

Schneide die Flasche hier durch.

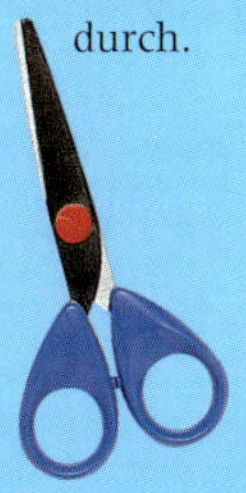

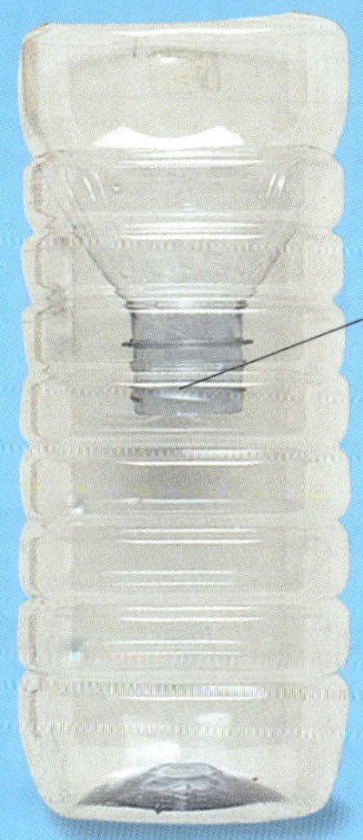

Drehe das obere Teil um und stecke es in das untere.

Zeichne mit einem wasserfesten Filzstift auf einen Kochlöffelstiel Striche im Abstand von 1 cm.

Gib einen Tropfen Lebensmittelfarbe in die Flasche, damit du das Wasser besser sehen kannst.

Regenmesser

Regen, Regen, sei's gewesen

Wenn der Regen gar nicht aufhören will, baue dir einen Regenmesser und sieh nach, wie viel Wasser auf die Erde fällt. Lege Steine um die Flasche, damit sie nicht umkippt. Und dann lies die Regenmenge jeden Tag auf der Kochlöffelskala ab.

Register

Hast du Bob gefunden?

Suche ihn auf den Seiten: 4–5, 16–17, 24–25, 38–39, 42–43, 44–45 und 46–47.

Dank

Herzlichen Dank an:
Maisie Armah, Charlotte Bull, Billy Bull, James Bull, Luke Bower und Sorcha Lyons, die an Regentagen für die Fotos Zeit hatten.